CÓMO CREAR un VIDEOBLOG

LAROUSSE

DIRECCIÓN EDITORIAL: TOMÁS GARCÍA CEREZO
GERENCIA EDITORIAL: JORGE RAMÍREZ CHÁVEZ
COORDINACIÓN EDITORIAL: GRACIELA INIESTRA RAMÍREZ
EDICIÓN: MARCO ANTONIO VERGARA SALGADO
REDACCIÓN: DANIELA RICO STRAFFON
ILUSTRACIONES: RAÚL PARDO VILLASEÑOR
ILUSTRACIÓN Y DISEÑO DE PORTADA: RAÚL PARDO VILLASEÑOR
DISEÑO: CHANTI EDITORES
FORMACIÓN: JESÚS SALAS PÉREZ
CORRECCIÓN: MARTÍN ARCEO SALAZAR
EDICIÓN TÉCNICA: JULIO ALEJANDRO SERRANO CALZADO

D.R. © MMXIX E.L., S.A. DE C.V.
RENACIMIENTO 180, COL. SAN JUAN TLIHUACA,
DELEGACIÓN AZCAPOTZALCO,
MÉXICO, 02400, CIUDAD DE MÉXICO

PRIMERA EDICIÓN, FEBRERO DE 2019

ISBN: 978-607-21-2132-4

IMPRESO EN MÉXICO – *PRINTED IN MEXICO*

**SE TERMINÓ DE IMPRIMIR EN FEBRERO DE 2019, EN
IMPRESOS VACHA, S.A. DE C.V., JUAN HERNÁNDEZ Y
DÁVALOS NÚM. 47, COL. ALGARÍN, C.P. 06880,
DEL. CUAUHTÉMOC, CIUDAD DE MÉXICO.**

índice

MANOS A LA OBRA

Si últimamente sientes un deseo inquietante dentro de ti por compartir tus experiencias, lo que piensas y lo que haces en tu día a día, si pasas tu tiempo viendo videos que amas y sientes que su contenido fue pensado especialmente para ti, si has visto que tus amigos suben videos y se divierten haciéndolo... ¡Entonces este libro es para ti! Aquí aprenderás todo lo que necesitas saber para crear tu propio videoblog.

CACHÉ UNA ESTUPENDA TOMA. ¡SOY MUY INTERESANTE!

¡Manos a la obra! Sigue todos los pasos para planear, divertirte y crear tus propios videos. En este libro aprenderás todos los aspectos técnicos para crear, pero por lo pronto lo más importante es que sepas que debes ser tú mismo y divertirte. Si en tus videos muestras las cosas que te parecen más geniales, la gente con gustos como los tuyos empezará a admirarlas también. Quítate la pena y lograrás hacer cosas geniales que nunca imaginaste.

5

1 ¿QUÉ ES UN VIDEOBLOG?

Un videoblog es una colección de videos donde el protagonista es el mismo creador, que se muestra frente a una cámara y comparte lo que piensa, lo que siente, lo que hace, sus habilidades o cualquier tipo de conocimiento que quiere compartir con su audiencia.

Pues bien, el medio para expresar todo lo anterior es el video, con una infinidad de formas para comunicar a través de él, muchas de las cuales los *vloggers* exploran día con día, primero grabando de forma creativa y después editando. Normalmente, los videos se organizan en listas de reproducción con formatos específicos, por ejemplo, una duración determinada, una estructura y temáticas similares. Esto los ayuda a mantener el interés de sus seguidores.

Tip: Piensa en tus videos favoritos. Cuando encuentras algo que te gusta, normalmente buscas contenidos similares. Lo lógico es que si algo te gustó una vez, ¡probablemente te volverá a gustar! Puedes probar formas diferentes de hacer tus videos, y cuando encuentres una que funcione, intenta mantenerla al menos por una temporada.

Para hacer videos se necesita planear la iluminación, controlar el sonido, preparar un guión, practicar el lenguaje corporal, la dicción (es decir, la forma en la que pronuncias las palabras), usar las artes gráficas para crear un sello propio, imágenes de apertura y cierre, perfiles o simplemente crear efectos dentro de tus videos. Los *vloggers* también usan programas de edición para lograr tener los formatos elegidos, agregar música y efectos especiales. Finalmente, hay que subir el contenido de la manera más eficiente. Todo esto lo iremos haciendo en orden para que cuando llegues al final del libro, ¡estés listo para lanzar tu propio canal!

¿Qué necesitas? Una cámara, un micrófono (también puedes usar un *smartphone*) y más tarde una computadora básica para editar, pero sobre todo ¡te necesitas a ti mismo!

¡MÁS COMO ÉSTE!

Tip: Empezar tu propio videoblog puede parecer demasiado complicado pero no te preocupes, todo es más sencillo cuando lo haces por partes. Confía en que todo está dentro de ti, en tu personalidad que es única y en todas tus experiencias que vale la pena contar.

LOS TIPOS DE VIDEOBLOG MÁS COMUNES

En el mundo de los videoblogs hay muchos tipos de videos y *vloggers*. Más allá de sus estilos y personalidades, lo que los diferencia es el tipo de temas que tratan y su forma de grabarlos.

Personal. El estilo de este formato se parece a un bitácora personal. Los *vloggers* encuentran en su día a día narrativas interesantes y entretenidas para hacer sus videos.

Videojuegos. La idea básica de estos videos es jugar videojuegos y comentarlos. Por supuesto que hay espacio para hablar de otros temas o hacer bromas; en los comentarios aparece la personalidad del *vlogger*.

Comedia. En este formato los *vloggers* buscan hacer reír basándose en observaciones de la vida cotidiana, además de sus críticas y reflexiones cómicas al respecto.

Artísticos. Videos dedicados a talentos artísticos como la música, la pintura, el baile... Por ejemplo, hacer *covers* de canciones, pintar en vivo, mostrar trucos de patinetas, ¡y más!

Tutoriales. Las personas muestran sus habilidades para realizar, corregir, reparar o solucionar ¡cualquier cosa! Estos videos pueden ir desde dar tips de cómo hacer manualidades, cocinar, usar un programa de computación, plantar una semilla o pasar el nivel de un videojuego.

En realidad hay infinidad de formatos y, conforme pasan los años, aparecen nuevos. ¡Incluso Larousse tiene algunos videos merodeando por internet! Si tienes una idea de lo que quieres hacer, no tengas miedo de probarla aunque sea algo que nadie haya hecho antes. Este videoblog será tu espacio y, lo más valioso, además de mostrar tu personalidad única, será tu creatividad y la manera en la que comuniques lo que sea que quieras hacer.

¡HOOOOLA, SOY GERMÁN Y TE APUESTO UN DICCIONARIO A QUE ERES UNA PERSONA!

¡HOOOLA, SOY EULALIO, REPRESENTANTE DE LAROUSSE, Y MI EMPRESA NO SE HACE RESPONSABLE DE NINGUNA APUESTA!

 2 ANTES DE EMPEZAR... CONSEJOS DE SEGURIDAD EN LÍNEA

El internet es un espacio increíble que permite encontrar entretenimiento, amigos, lugares y la posibilidad de expresarte y encontrar tu lugar. Pero esta herramienta maravillosa no siempre es segura porque cuando interactúas con desconocidos en línea nunca puedes estar seguro de quién está realmente del otro lado de la pantalla.

POR ESO, ESTOS SON LOS CINCO CONSEJOS DE SEGURIDAD QUE DEBERÍAS SEGUIR.

1. Cuida tu identidad

No reveles tu nombre completo en tus videos. En su lugar, intenta usar un pseudónimo o nombre artístico; ponerte un nombre te permitirá experimentar con los rasgos de tu personalidad que quieras transmitir. ¡Tómalo como una oportunidad para ser creativo!

2. Datos personales

Nunca compartas tus números telefónicos, correo electrónico, cuentas privadas en redes sociales, contraseñas, o los de alguien más. Si quieres abrir un espacio para que tus espectadores se pongan en contacto, puedes crear un perfil público en tu red social favorita o un correo electrónico gratuito únicamente dedicado a este fin.

3. Tu ubicación:

Tampoco debes compartir el lugar en donde vives, el nombre o ubicación de tu escuela o de los sitios donde haces tu vida cotidiana, por ejemplo, el lugar en el cual tomas clases de futbol o karate. Si en tu videoblog quieres hablar sobre el lugar donde vives, ten cuidado de no dar detalles específicos del sitio en el que te encuentras o sobre los momentos en los que realizas tu rutina.

4. Los demás

No compartas información personal de otras personas, y menos sin su consentimiento. Esto incluye todo lo mencionado en los puntos 1 a 3, pero también fotografías, audios, videos y conversaciones privadas que alguien haya compartido contigo.

5. No olvides a tus padres

Antes de subir un video y hacerlo público, muéstraselo a tus padres o tutores para estar seguro de que todo está en orden. Si en algún momento te sientes incómodo con algún comentario o persona que busca tener contacto contigo, virtual o en persona, habla con tus padres. Confía en que sabrán qué hacer.

3 ENCUENTRA TU VOZ

Hacer un videoblog se trata de compartir una parte de ti ante el mundo. A la gente le encanta conocer las experiencias de otras personas, ser parte de sus aventuras y aprender sobre lo que piensan. No importa si te apasionan las caricaturas o quieres mostrar tus habilidades artísticas, resolver lo que te pasa en la escuela o contar historias, si te gusta muchísimo lo que haces, no tengas pena de hacerlo en video, ten por seguro que alguien más se interesará.

Y no olvides que lo más importante es ser auténtico. Nunca intentes ser alguien que no eres ni copiar a alguien más, ¡la gente lo notará enseguida!

Responde las preguntas de las siguientes páginas para conocerte mejor, ¡y así encontrar tu voz! Siéntete libre de responder como quieras, usando palabras, fotografías, recortes, dibujos, **¡o lo que se te ocurra! Deja fluir tu creatividad.**

¿Qué es lo que más te gusta de ti mismo?

_____
_____
_____
_____
_____
_____
_____
_____
_____
_____
_____
_____

¿Qué es lo que más te gusta hacer?
¡Haz una lista!

_____
_____
_____
_____
_____
_____
_____
_____
_____
_____
_____

LA CASA DE MIS ABUELOS

EL PATIO

EL MUSEO

LA SALA

LA COCINA

MI CUARTO

EL TIANGUIS

PARQUE

EL BOSQUE

EL POLO SUR

EL JARDÍN

LA ESCUELA

UNA MONTAÑA

LA LUNA

LA TIENDA DE LA ESQUINA

¿En dónde te gusta estar? ¿Cuáles son tus lugares favoritos? Utiliza las ideas de la web de palabras para hacer tu propia lista.

_____
_____
_____
_____
_____
_____
_____
_____
_____

Tip: ¡Recuerda que estos lugares podrían convertirse en tus próximos sets de grabación! Es buena idea grabar en los lugares donde te sientas más cómodo y relajado.

¿De qué temas te gusta hablar con tus amigos?

_____
_____
_____
_____
_____
_____
_____
_____
_____

¿Cuál es tu hobbie? ¿Qué haces en tu tiempo libre?

_____
_____
_____
_____
_____
_____
_____
_____
_____
_____

¿Tienes algún talento o habilidad especial?

Hablar en público
Manualidades
Deportes
Cocinar
Bailar
Dibujar
Hacer amigos
Escribir
Videojuegos
Cuidar plantas
Comer
Hablar con gatos
Decorar libretas
Música

¿Tienes otros talentos únicos?

_____
_____

15

TEMA ESTELAR

¿Ya respondiste todas las preguntas? ¡Excelente! Ahora lo más seguro es que ya tengas una idea clara rondando por tu mente para hacer ese videoblog que el mundo ha estado esperando. Puedes hacer videos mostrando esas grandiosas habilidades tuyas, o también puedes hacer comentarios sobre los temas que más te apasionan, ¡incluso puedes hacer videos totalmente *random* y desconcertantes si quieres! Mientras te diviertas y des lo mejor de ti, ten por seguro que encontrarás a tu público. ¡Utiliza el recuadro de abajo para escribir tu tema estelar y un dibujo de cómo imaginas que será una de tus escenas!

MODELOS A SEGUIR

¿Has pensado en quiénes son tus modelos a seguir? Probablemente son personas valientes y únicas que tienen muchas cualidades. Preguntarte qué es lo que te gusta de la gente que admiras es una manera de descubrir cuáles son tus aspiraciones.

¿Quiénes son tus ídolos?

¿Qué es lo que te gusta de ellos?

LOS VIDEOBLOGGERS

HolaSoyGermán es uno de los canales de YouTube con más seguidores en el mundo y el favorito de muchos. Él empezó haciendo videos cómicos, ¡y ahora tiene más de 37 millones de suscriptores! En sus primeros videos, Germán se fijaba en los detalles de la vida cotidiana y sacaba lo más gracioso de esos momentos. Casi siempre sale él solo frente a la cámara y, ¡habla rapidisísimo...! Además no le ha dado miedo probar otros talentos delante de las cámaras, como la música.

Gibby es una pequeña *vlogger* mexicana de 10 años que hace videos de retos y juegos. Su personalidad única y sus ideas divertidas son lo que atrae a sus seguidores. Ella usa efectos de sonido para alterar el tono y velocidad de su voz, y también efectos para hacer tomas dinámicas y entretenidas. Gibby también ha hecho tutoriales, canciones y videos cómicos para sus *amigibbys*, sus seguidores que piensan que ella es genial.

¡Haz un dibujo de tu video favorito!

¿QUIÉN ES TU FAVORITO?

¿Tienes algún *vlogger* o canal de videos favorito? ¿Te gustaría que tu videoblog se pareciera al de alguno de ellos? Elige los que más te gustan y responde las siguientes preguntas, para descubrir lo que admiras, lo que te gusta y ¡lo que no!

Piensa en su voz, ¿es aguda, grave, amigable, enérgica...?

_____

_____

¿Cómo es la velocidad de su voz? ¿Es rápida, lenta, tranquila, acelerada...?

_____

_____

¿Qué palabra usarías para describirlos? Graciosos, interesantes, expresivos, irreverentes...

_____

_____

¿Cómo es su lenguaje corporal? Piensa en cómo se paran, si usan los brazos para hablar, con qué hacen contacto visual...

_____

_____

¿Cómo usan la cámara, qué les gusta grabar? ¿Aparecen solos o con sus amigos? ¿Hay algo interesante sucediendo en el fondo?

_____

VIDEOS LLENOS DE EMOCIONES

Con los videos puedes provocar muchas emociones en los espectadores. Piensa en los videos que te hayan hecho sentir diferentes emociones y anótalos en los espacios de abajo.

Muerto de la risa

Muy interesado

Triste

Enojado

Feliz

Ahora que seguramente tienes más claros ciertos aspectos de tu personalidad y de las cosas que te gustaría expresar al mundo, es tiempo de definir tus propias formas de expresarte.

Experimenta grabándote a ti mismo, puedes pedirle a una amiga o amigo que te ayude. Usa un celular o una cámara de video y grábate presentando a tu mascota o contando una anécdota divertida de lo que hiciste hoy. Incluso puedes actuar como un presentador de televisión. Recuerda que hablar para una cámara es como hablar en público, así que piensa en ser más expresivo de lo normal. Diviértete con diferentes formas de hablar y distintos tipos de historias.

CELULARCITO, CELULARCITO, ¿QUIÉN ES LA MÁS BONITA DE INTERNET?

No intentes hacerlo perfecto. ¡Equivocarse también es parte de la diversión! Usa estos momentos para practicar estar frente a una cámara, tal vez te darás cuenta de que tienes un talento natural para hacer videos; pero si no es así, ¡no te preocupes! Con un poco de práctica lograrás actuar con completa naturalidad.

Una vez que tengas el material, ¡obsérvate! Piensa en lo que más te gustó y responde las siguientes preguntas pensando en tu videoblog.

¿QUÉ TE PARECIÓ TU VIDEO?

¿Cómo te gustaría hablar? Dibuja un círculo de color rojo sobre los medidores de tono, intensidad y velocidad para indicar cuál es el nivel de cada valor que te gustaría tener.

¿Cómo describirías la forma en la que hablas? Usa el color morado para rellenar las barras de los medidores al nivel que te parece que hablas, luego señala el nivel meta que te gustaría tener para ajustar tu forma de hablar.

Ejemplo:
MI NIVEL

LO QUE NECESITO AUMENTAR

META

Tono:
GRAVE

AGUDO

Intensidad:
BAJA

ALTA

Velocidad:
LENTA

RÁPIDA

¿CÓMO QUIERES QUE SEA TU MODO DE HABLAR?

Nunca olvides imprimir tu sello personal a todo lo que hagas. Encuentra la voz con la que te sientas como auténtico y que transmita tu personalidad.

Circula con verde las palabras con las que te gustaría que la gente identificara tus videos y tacha con rojo las palabras con las que no te gustaría que te identificaran. ¡Puedes agregar todas las que quieras!

Adictivo

Útil

Inteligente

Tierno

Impresionante

MELANCÓLICO

Divertido

Único

Atemorizante

Amigable

Aventurero

Sarcástico

Emotivo

Alegre

Optimista

Confiable

Eufórico

CÓMICO

Histriónico

¿CÓMO QUIERES LUCIR EN TUS VIDEOS?

Aun si tienes pensado hacer un videoblog de ti mismo, tal cual eres, puedes elegir cómo quieres lucir frente a la cámara. Por ejemplo, ¿quieres que te recuerden por tus peinados extravagantes o tus playeras fosforescentes? ¿Planeas usar disfraces? ¿Llevarás puesto siempre el mismo color en alguna parte de tu atuendo? Usa este espacio para imaginar maneras creativas de aprovechar tu aspecto. Puedes pegar recortes, imágenes como referencia, hacer dibujos o notas con tus propias descripciones.

PEGA AQUÍ TUS RECORTES

PEGA AQUÍ TUS RECORTES

YA SÓLO FALTAN MIS LENTES EN LA NUCA, PORQUE MI BARRIO ME RESPALDA.

24

¡TU IMAGEN, TU ESPACIO!

Si quieres aparecer en tus videos con la ropa que sueles usar siempre está bien; sin embargo, nunca está de más reflexionar un poco sobre lo que llevarás, ya que al final todo lo que esté frente a la cámara hablará un poco sobre ti, así que puedes presumir la playera de tu banda favorita o esa gorra supercool que acabas de comprar, pues al público podrá parecerle divertido y se identificará más contigo.

Así como pensaste en tu aspecto, también debes pensar en todo lo que te rodea dentro de la toma, puedes poner el póster de tu videojuego favorito o uno de tus dibujos, y como dice el dicho milenario... ¡menos es más! Evita que tu espacio esté sobrecargado con objetos y desorden para que la atención se centre sobre ti, ¡la superestrella de tu propio show!

¡Dibuja o pega recortes sobre el figurín con el atuendo que tú llevarías y decora con los muebles u objetos que se verán al fondo de tu encuadre!

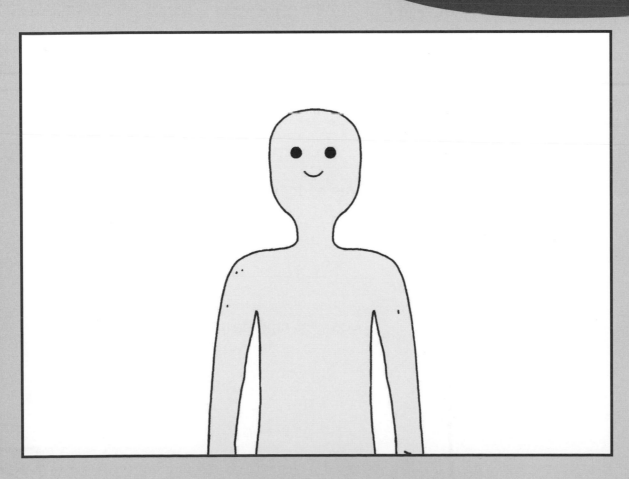

TU AUDIENCIA

¡QUIERO MÁS VIDEOS DE DINOSAURIOS!

¿Has pensado en quién podría ver tu videoblog? ¿Tus mejores amigos? ¿Tus primos Jorge y Carlita? ¿¡Gente de todo el mundo!? Tal vez tengas en mente una audiencia muy específica, por ejemplo, niños que amen los libros de dinosaurios, o quizás tu idea no es tan clara aún. Tu audiencia será muy importante cuando tu canal empiece a crecer: pueden darte ideas para tus futuros videoblogs, recomendarte a sus amigos, ayudarte a ser creativo... Ten por seguro que si se divierten contigo, querrán verte crecer. Responde las preguntas sobre tu público meta

¿Quiénes quiero que me vean?

¿Cuántos años tienen?

¿Qué es lo que más les gusta hacer?

¿Qué otro tipo de videos ven?

¿CÓMO INTERACTUAR CON TU AUDIENCIA?

Cuando comienzas con tu videoblog lo más normal es que le pidas a todos los que conoces que vean tus videos y se suscriban a tu canal, así que los primeros seguidores que tendrás serán tus amigos y tus familiares ¡Así empieza todo mundo! Pero cuando empieces a ganar popularidad y más suscriptores (más tarde te daremos algunos tips para que más gente te siga), lo más natural es que ellos busquen hacer contacto contigo.

¡Aprovecha estas oportunidades para interactuar con ellos! Recuerda seguir estos valiosos tips para mantener a tus seguidores felices y crear una comunidad.

1. Tómate el tiempo de responder a los comentarios que hagan en tus videos. Es buena idea abrir un correo electrónico o una red social exclusivos para recibir mensajes de tus seguidores. Ojo: si abres una cuenta, ¡no la dejes olvidada!

2. Recuerda que en internet no toda la gente es amable y cordial todo el tiempo, hay muchas personas que sólo buscan molestar (se les conoce como *trolls*), así que no te lo tomes personal ni te molestes si te hacen comentarios negativos, ni te enfrasques en discusiones tóxicas.

NO PELEES, NO ALIMENTES AL *TROLL*. ¡MEJOR COLORÉALO!

3. ¡Haz preguntas! Puedes incitar a tu público a participar en la conversación haciéndoles preguntas sobre lo que más les gustó de tu video, en dónde preferirían que grabaras o de qué temas les gustaría que hablaras.

4. Sé amigable con la gente que te habla. Recuerda que se tomaron su tiempo para escucharte y además están interesados en interactuar contigo. No dejes de ponerle atención a la gente que cree en ti.

@TUNOMBREDEVLOGGER

Ahora que has recorrido estas páginas analizando y pensando cómo será tu videoblog, llegó un momento especial: elegir tu propio nombre de *vlogger*. Recuerda que debe ser un nombre sencillo de recordar y que esté disponible en las plataformas que quieras usar. También es importante que vaya acorde a tu personalidad, a la forma en la que quieres que te vean y al formato que elijas para tus videos.

Puedes usar las preguntas guía para sacar ideas.

¿Tienes apodos?

¿Hay algún nombre que siempre te haya gustado?

¿Cuál es la palabra que mejor describe tu personalidad?

¿Tienes una palabra favorita?

¿Hay alguna palabra que te guste y que se relacione con tu propósito?

MMMME PARECE UN POCO LARGO, THECO... ¿QUÉ?

CREO QUE SERÉ THECODONTOSAURUSANTI-QUUSLOVERI234.

Tip: ¡Haz combinaciones de esas palabras para crear un nombre supercool!

29

ELIGE TU FORMATO

¿Notaste que algunos videos son muy cortos y graciosos, o que otros son largos, tienen segunda y tercera parte, y aun así no puedes despegarte de la pantalla porque lo que cuentan es demasiado interesante? Hay videos con muchas locaciones, personas y acciones, y otros que son más misteriosos, alegres o hasta sencillos. Ahora te toca pensar en cómo quieres que sean tus propios videos. Llegó el momento de definir de una forma más precisa todo lo que analizaste en las páginas anteriores. Esta página te servirá de guía en el momento en que empieces a planear tu guión.

¿Cuánto tiempo quieres que dure tu video? Marca la longitud esperada de tu video en la barra medidora.

| min 00 | 02 | 04 | 06 | 08 | 10 | 12 | 14 | 16 | 18 | 20 |

¿Quién aparecerá en el video? ¿Sólo estarás tú o tendrás compañía?

¿Necesitas ayuda para grabar todo o alguna parte del material? ¿Cuántas personas necesitarás y a quién le pedirás ayuda?

¿Grabarás al interior o al exterior? Especifica el o los lugares que se convertirán en tus sets de videoblog. Dibuja cómo se verán tus espacios en la cámara.

¿Quieres hacer varias tomas o prefieres hacer una toma larga? ¿Harás cortes en tus videos?

¿Quieres hacer efectos especiales o tienes alguna idea creativa para grabar lo que quieras explorar? Descríbela(s).

¡PLANEEMOS UN VIDEO!

¿Ya sabes de qué va a tratar? Es hora de recordar la temática general que definiste antes y elegir un tema específico para tu primer video. ¡Para hacer este ejercicio sólo necesitas una página en blanco y seguir las instrucciones de abajo!

1. Escribe el tema estelar que elegiste en la página 16.
2. Haz una lluvia de ideas con todo lo que se te venga a la mente alrededor de ese tema.
3. Cuando tengas por lo menos diez ideas, encierra tus favoritas en un círculo y conecta entre sí las que se relacionen.
4. Elige la idea que más te guste y sigue escribiendo todo lo que se te ocurra en torno a ella. Si se te acabó el espacio, utiliza una hoja nueva de papel.

ME ENCANTA EL OLOR DE LA LLUVIA DE IDEAS.

Tip: Si has pensado hacer videos en equipo con tus amigos, lo mejor sería incluirlos en esta lluvia de ideas.

¡PUEDES HACER LO QUE TU QUIERAS!

¿Ya tienes el resultado de la lluvia de ideas y elegiste el tema que más te gusta? ¡Excelente! Ahora debes recordar que hay muchas maneras diferentes de tratar un tema, por ejemplo, puedes contar una historia, entrevistar a la gente sobre lo que sabe de tu tema, hacer un *top 10* de los datos más interesantes, hacer una crítica con animaciones o una mesa redonda con tus amigos; literalmente puedes hacer lo que quieras, no hay límite para tu imaginación.

Sin embargo, un buen punto para empezar es el título, por ejemplo, si decidiste que te enfocarás en hacer *gameplays* de videojuegos superdifíciles, entonces el título sería algo como: "Cómo pasar la gran muralla en *Batalla galáctica superinterestelar III. Modo dios*"... Asumiendo, claro, que sí lograste pasar ese nivel endemoniado.

El título (provisional) de este video es:

El resumen de lo que pasará en el video es:

¡A TRAMAR TUS VIDEOS!

La trama es el orden cronólogico y la forma en la que se cuentan acontecimientos e historias, y es un concepto que se utiliza más para escribir cuentos, novelas u obras de teatro, ¡pero que también es superútil para planear videos!

Esto es porque los videos, e incluso todo tu videoblog, es un medio narrativo (igual que los cuentos, novelas, cómics y obras de teatro), por lo que todos tienen estructuras similares, con momentos para presentar personajes y situaciones, otros para desarrollarlos y otros para para finalizar la narración.

El novelista y dramaturgo alemán Gustav Freytag resumió esta estructura en una pirámide. ¡Tómala como guía para darle a tus videos una estructura sólida!

Clímax: Éste es el momento más esperado, el de máxima tensión. Es cuando se llega y se enfrenta al "conflicto" o al tema central. ¡Es el punto más alto de la pirámide!

Aumento de tensión: Es el desarrollo más profundo del tema o la acción de la que hablamos en la exposición. Concéntrate en el cómo vas a presentarlo, de tal manera que vayas haciendo cada vez más emocionante tu video.

Disminución de la tensión: Una vez pasado el clímax y superado ese "conflicto", todo se relaja y se crea una sensación de calma y alivio.

Exposición: En el principio los temas se anuncian de manera general.

Desenlace: Al final todo debería quedar solucionado y no debería haber cabos sueltos. Aunque como seguramente quieres hacer muchos videos, es buena idea que busques la forma de dejar a los espectadores "picados".

LA ESTRUCTURA

Ya comenzamos a ver un poco de la trama, pero debes conocer mucho mejor la estructura básica de cualquier medio narrativo. La estructura es la parte fundamental de cualquier trama, es decir, que toda obra narrativa la tiene sin importar el género o, en nuestro caso, el tipo de videoblog.

La estructura es una manera de organizar las acciones de forma lógica, con el fin de contar y presentar tu idea de una forma que les resulte agradable a los espectadores. Según el filósofo griego Aristóteles, este flujo lógico tiene tres partes esenciales: **inicio, desarrollo y desenlace.**

PARECE QUE A PESAR DE NUESTRAS DIFERENCIAS...

ESTRUCTURALMENTE SOMOS IGUALES.

Aunque parezca sencillo, asegúrate de que siempre tengas al menos estos tres elementos en todos tus videos, sobre todo si haces videos que tengan el estilo del videoblog personal —por ejemplo, en los que hables delante de la cámara contando lo que piensas, lo que sientes o lo que viviste—. **¡Usa esta guía para planear inicios, desarrollos y desenlaces geniales!**

INICIO
Anuncia el tema del que vas a hablar durante el video. El inicio también funciona como una pequeña introducción de los temas, procura comenzar con el tono con el que planeaste hacer tus videos (serio, divertido, cómico, etcétera).

DESARROLLO

Tema 1
1. Presenta la idea que vas a desarrollar.
2. Conforme avance la explicación también ve aumentando la tensión y emoción en tu narración. Si vas a tocar un segundo tema, busca la manera de relacionarlo con este primer asunto.

Tema 2
1. Aborda este nuevo tema procurando guardar la relación con el tema anterior.
2. Vuelve a aumentar la emoción y la tensión hasta llegar a lo que tú creas que es la parte más interesante de todo el video, después puedes ir relajándote poco a poco.

CONCLUSIÓN
Cierra el video con un comentario o reflexión final. ¡Recuerda ser coherente con tu estilo y tu personalidad!

LAS CLAVES DE LA TRAMA

Recuerda que contar adecuadamente tus videos es darle a tus espectadores la narrativa ideal para que puedan entender lo que quieres transmitir.

¿Cómo serán los momentos clave de la trama en tu video? Utiliza los espacios de estas páginas para tramar tu plan. ¡Recuerda que lo importante es que busques una manera de crear tensión para después resolverla!

1. EXPOSICIÓN
¿QUIÉN ERES? ¿DÓNDE ESTÁS? ¿QUÉ VAS A HACER?

2. AUMENTO DE TENSIÓN
DESCRIBE TUS ACCIONES. ¿HAY ALGÚN CONFLICTO?

3. CLÍMAX
¿QUÉ CREES QUE SERÁ LO MÁS EMOCIONANTE O DIFÍCIL?

4. DISMINUCIÓN DE TENSIÓN
¿QUÉ TE HIZO PENSAR?

5. DESENLACE
IDEAS PARA UN FINAL GENIAL

¡CONOCE LAS TRANSICIONES!

Se le conoce como transición a la manera de unir dos escenas distintas ¿Observaste si alguno de tus videos favoritos tiene efectos especiales o transiciones interesantes entre cada toma? A veces las transiciones indican un cambio de lugar, de vestimenta, un momento del día diferente, etc. ¡Una transición es una gran manera de avanzar en tu trama!

Toma nota de las siguientes ideas que podrías aplicar en tus videos. Más adelante encontrarás otras técnicas para hacer transiciones desde tu programa de edición de videos.

Blackout: Usa la tapa de la lente de la cámara, una tela oscura o hasta tu propia mano para tapar la cámara al finalizar una toma. Cuando grabes tu siguiente toma, comienza de la misma forma, tapando el lente y descúbrela en la siguiente. En la edición deberás juntar ambas tomas. Recuerda que el bloqueo de la cámara debe durar apenas unos segundos.

El supergiro: como su nombre lo indica, lo que debes hacer al final de tu toma es dar un giro con la cámara apuntando a tu cara. En tu siguiente toma, haz exactamente lo mismo, da un giro en la misma dirección e intenta grabarte en el mismo ángulo. Junta la secuencia cuando edites tu video. **¡También puedes pedirle a un amigo que te ayude!**

Salto: Este recurso es genial para hacer un efecto de cambio de ropa instantáneo. Fija la cámara en un lugar donde puedas grabar una toma de cuerpo completo. Cuando termines tu escena, da un salto subiendo brazos y piernas. Pon pausa, cámbiate de ropa y empieza a grabar de nuevo colocándote en el mismo lugar donde diste el primer salto. Repítelo y ¡comienza tu siguiente escena!

Piensa más allá de lo obvio, quizás puedes grabar a través de un vaso para hacer un efecto de ojo de pescado o concentrarte en grabar un detalle para introducir el tema de tu video, en lugar de mostrar tu rostro en la toma siguiente. ¡Nunca sabes cuáles son los frutos que tu creatividad podría darte!

NO MÁS SUPERGIROS PARA MÍ.

Tip: Recuerda que no debes ponerte en situaciones peligrosas, y si vas a experimentar siempre hazlo bajo la supervisión de un adulto.

PLANEA COMO UN PROFESIONAL

Los *vloggers* usan diferentes técnicas para planear sus videos; en realidad no hay un solo camino para hacer tus videos perfectos, pero no hay nada peor que estar frente a la cámara y quedarte en blanco o intentar editar material que no tiene mucho sentido. Más adelante hablaremos de la improvisación, que por supuesto es posible hacer. Por ahora aprenderás dos técnicas diferentes que usan los creadores profesionales.

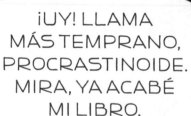

¡CARLITOS, MEJOR USA EL TEXTO PREDICTIVO DE MI CELULAR!

¡UY! LLAMA MÁS TEMPRANO, PROCRASTINOIDE. MIRA, YA ACABÉ MI LIBRO.

Escribe tu guión

Planea con detalle todo lo que pasará en tu video con ayuda de un guión de estilo cinematográfico. Como el video es un medio audiovisual, debes esmerarte en pensar sobre todo lo que se escuchará y se verá en él.

TOMA	INVOLUCRADOS	LOCACIÓN	VIDEO/ DESCRIPCIÓN	AUDIO/ DIÁLOGO	TIEMPO
1	Procrastinoide y Carlos Fuentes	Un estudio	Procrastinoide llega al estudio de Carlos Fuentes.	P: ¡Carlitos, mejor usa el texto predictivo de mi celular! C: ¡Uy! Llama más temprano, Procrastinoide. Mira, ya acabé mi libro.	30 seg
2	Procrastinoide y Carlos Fuentes	Un parque	Procrastinoide está volando un papalote y Carlos está sorprendido con el celular.	Se escuchan pajaritos y una música tranquila.	15 seg
3					
4					
5					

Si quieres puedes usar el resto del espacio para continuar con este guión.
¡También puedes planear tus propios videos usando esta técnica!

43

TU GUIÓN GRÁFICO

El guión gráfico o *storyboard* es una herramienta que sirve para planear tu video con imágenes, en donde se plasma una serie de dibujos de cómo imaginas que se verá tu video. Eso significa que al hacerlo, pondrás especial atención a la imagen. Basándote en la trama que planeaste antes, dibuja en cada cuadro la manera en la que se verán tus escenas, y en la parte inferior escribe una breve descripción de la acción que se lleva a cabo.

Acción:

Acción:

Acción:

Acción:

IMPROVISACIÓN

Seguramente estarás pensando que muchos de tus videbloggers favoritos no parecen estar diciendo palabras de memoria sino que actúan con más naturalidad. Probablemente tengas razón, lo que ellos hacen frente a la cámara es ¡improvisar! Esto significa que hablan con naturalidad, sin haber memorizado sus palabras, como lo harían en una conversación común y corriente. Pero no te confíes, aun si es verdad que no preparan sus diálogos palabra por palabra, los videos más entretenidos son aquellos donde los *vloggers* empezaron a grabar sabiendo perfectamente de lo que trataría su video y lo que tenían que decir o hacer.

MUCHOS VIDEOBLOGER BORRAN SUS SUS METIDAS DE PATA. YO SIEMPRE IMPROVISO Y MEJOR LOS DEJO: MIS ERRORES HACEN MÁS MEJORES MIS BIDEOS.

También agradecerás haber planeado tu video cuando hagas el proceso de edición, es decir, cuando tengas horas de material y debas armar un complicado rompecabezas para hacer un video entretenido.

 5 GRABEMOS MATERIAL

Respiras hondo, recorres las vocales, *aeiouuu*, con tu boca gesticulando cada una de ellas, te llenas de confianza, pones tu mejor rostro y, ¡BAM! enciendes la cámara. Éste es el momento que estuviste esperando desde el principio, cuando concebiste esta gran idea... ¡por fin llegó la hora de grabar tu videoblog!

¿CÓMO GRABARÁS?

La respuesta es: ¡con cualquier cámara que tengas a la mano! No necesitas un equipo superprofesional o sofisticado, lo único que necesitas es que grabe imagen y sonido y que puedas transferir ese material a una computadora o dispositivo para editarlo y subirlo a la red. Sin importar la opción que elijas, siempre es buena idea pedir la asesoría de tus padres o un adulto de confianza.

Laptop o computadora con webcam

Si de cualquier manera vas a usar tu computadora, no es mala idea grabar con ella, sobre todo si quieres hacer un encuadre fijo y sin mucha acción. Muchos la usan para contar relatos personales y dar respuestas rápidas a su público.

Consolas

Si vas hacer *streamings* de videojuegos, tu consola será tu mejor compañera. Muchas tienen la opción de hacerlo directamente y si consigues un micrófono de diadema podrás comentar tus *gameplays* y contar chistes para hacer un video muy divertido.

Cámaras de video

Este tipo de equipo probablemente te dará mucho más opciones y calidad para grabar tus videos. Por supuesto hay una gran variedad de precios y tamaños en el mercado, si quieres ser todo un profesional y estás listo para la gran responsabilidad de cuidar una cámara de video, ¡ésta es tu opción!

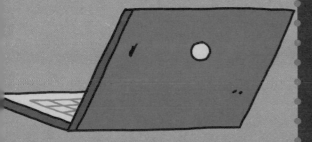

Smartphones o tablets

Una opción superpráctica si quieres grabar tus videos en el exterior o en varios lugares diferentes. ¡Asegúrate de grabar en forma horizontal! Toma en cuenta que será mejor conseguir un micrófono para dirigir mejor el sonido de tu voz o de lo que quieras grabar, ¡los audífonos manos libres tienen micrófono incluido que puedes utilizar para este fin!

ILUMINACIÓN

Para que tu audiencia pueda ver lo que quieres mostrar, debes asegurarte de que haya luz. Dependiendo de lo que quieras comunicar, será el tipo de luz que puedes usar. Pero empecemos con lo más sencillo, el tipo de videos en los que aparecerás hablando frente a la cámara.

Tip: Haz el experimento tú mismo con una linterna en una habitación oscura. Prueba cómo se ve tu cara iluminada desde diferentes direcciones. Pídele a un amigo que te grabe para que compruebes cómo se verá en la cámara.

1. Lo mejor y más sencillo para la mayoría de los *vloggers* es aprovechar la iluminación natural de nada más y nada menos que la estrella favorita de nuestra galaxia: **el Sol.** Para grabar en interiores, elige una ventana, arregla el escenario que se verá en el video y ¡comienza antes de que se haga tarde! Recuerda que no debes darle la espalda a la ventana a menos que quieras que sólo se vea tu silueta en la toma.

2. Si piensas grabar al aire libre, evita hacerlo a mediodía pues la posición del sol creará sombras sobre tu rostro. En cambio, elige momentos del día en los que la luz del sol no sea tan intensa; durante la mañana o la tarde. Busca estar de frente al sol para que la iluminación de tu rostro sea uniforme.

3. Cuando grabas tus videos de noche o en espacios donde no puedas sacar mucho provecho de la iluminación natural, puedes usar luz artificial. Para la mayoría de tus videos probablemente sólo necesitarás una fuente de luz dirigida hacia ti; no necesitas equipo sofisticado para lograr hacer videos únicos, pero es importante que conozcas una de las técnicas básicas de la fotografía y la cinematografía para lograr una imagen perfecta.

ILUMINACIÓN A TRES PUNTOS

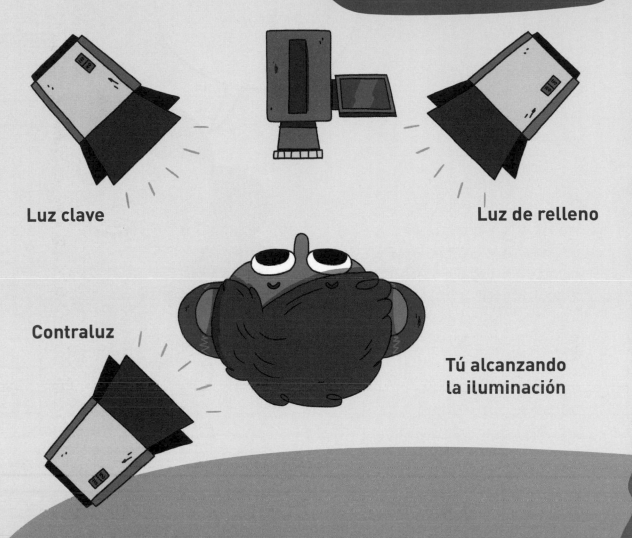

Luz clave

Luz de relleno

Contraluz

Tú alcanzando la iluminación

Luz clave. La luz principal y más fuerte, que se pone atrás de la cámara pero ligeramente de lado. Además ésta debe ser la fuente más brillante de luz.

Luz de relleno. Es una luz que atenúa las sombras que se forman sobre el rostro. Ayudan a crear un efecto de tridimensionalidad y profundidad. También va atrás de la cámara, del lado opuesto a la luz clave.

Contraluz. Su función es iluminar el fondo y la parte trasera del sujeto que estará frente a la cámara, separando así al sujeto del fondo. Ésta va justo atrás de la persona que será grabada o ligeramente de lado para no iluminar un lado más que el otro.

¡Procura que las luces no se vean en la toma!

¿VAS A SALIR O TE TRAIGO LA CENA?

¿Alguna vez viste algún video donde se escuchaban más los ladridos de los perros del vecino que la voz del presentador? ¿Tus mensajes de audio o llamadas telefónicas a veces sufren interferencia por sonidos como el viento, puertas cerrando o el tráfico pesado? Pronto te darás cuenta de que hay varias cosas que puedes hacer para controlar mejor el sonido de tus videos.

1. Evita el eco en tus videos. La primera técnica para luchar contra el indomable eco es acercarte a tu micrófono. Entre más distancia haya entre él y tu boca más disperso se escuchará el sonido. Puedes usar un micrófono de solapa, de los que se ponen en la ropa, o un micrófono de audífonos manos libres, ¡incluso hay micrófonos que se pueden montar sobre la cámara!

2. La segunda técnica es evitar los cuartos grandes y vacíos. Lo mejor es grabar tus videos en un espacio que tenga varios muebles como libreros, sillones, etcétera, para evitar ese molesto eco. ¡Haz la prueba!

Voz en off

Los mejor lugares para grabar sonido son pequeños, silenciosos y con objetos que eliminen el eco, así que una gran idea para grabar audio ¡es tu armario! Por supuesto que no tendrás lugar para colocar muchas luces y que en la toma aparecerá toda tu ropa; sin embargo, lo que puedes hacer es grabar tu voz y usar un efecto de *voz en off* o voz superpuesta. Esto significa grabar video sin sonido y colocarle tu audio encima.

¡MAMÁ, YA ARRUINASTE MI GRABACIÓN!

A veces notarás que se escucha muy fuerte el sonido de las letras p y b. Para eliminarlo puedes poner tu dedo índice frente a tu boca al hablar para dispersar el aire y evitar que vaya directo al micrófono. También existen aparatos llamados filtros antipop que puedes comprar o hacer tú mismo: busca un marco rectangular o circular de alambre y cúbrelo con una media, colócalo entre el micrófono y tú, y ¡listo! Despídete de esos molestos ¡pop!

Lo mejor es que hagas tu propia investigación de equipo y técnicas, y te quedes con lo que estés más cómodo y te dé buenos resultados.

LENGUAJE CORPORAL

¿Te has dado cuenta de que con sólo mirar a una persona, aun si no la escuchas hablar, puedes saber mucho acerca de ella? Por ejemplo, si una persona se mueve muy rápido, tiene el pecho erguido y la mirada alta, ¿cómo se siente? ¡Seguramente se siente fuerte o feliz! Tu cuerpo comunica mensajes acerca de ti mismo todo el tiempo, ¡y la gente los nota enseguida! Por esta razón es bueno saber comunicar lo que tú quieras sólo con tu lenguaje corporal, es decir, hacer que salga tu verdadera personalidad con plena confianza.

MAMMA MIA, MI PIACE LA PIZZA.

1. **Contacto visual.** ¡Mira directamente a la cámara! Mantener el contacto visual es fundamental cuando hablas con otras personas, y cuando haces videos debes transmitir esa sensación de familiaridad, ¡sólo imagina que la cámara es tu mejor amiga! Recuerda que al otro lado de la pantalla de tus videos habrá personas de carne y hueso a quienes también les gusta que los vean a los ojos cuando les hablan. Si tienes un monitor o te estás grabando en modo selfie, no te veas a ti mismo, de lo contrario parecerá que tienes la mirada perdida o que estás hablando con algún amigo imaginario...

2. Movimiento. Cuando hablamos, también es normal movernos. Por ejemplo, mover la cabeza, los brazos, las manos, etc. Esto nos ayuda a expresar mejor lo que queremos decir y pone mucho énfasis en nuestras palabras, lo que nos ayuda a mantener la conversación más dinámica. Así que recuerda que tú no eres una tabla o una estatua, ¡no le temas al movimiento!

3. Adiós al nerviosismo. Hay algunos movimientos que comunican nerviosismo, como tocarte el cabello, arreglarte la ropa, bajar la mirada... Respira hondo y ten seguridad en ti mismo y en lo que vas a decir o hacer. ¡Recuerda que eres genial!

QUÉ GESTO TAN EXPRESIVO, PERO MIS OJOS ESTÁN ACÁ ARRIBA.

4. Emociones auténticas. Piensa en regalarle a tu audiencia una sonrisa amistosa, ¡imagina que son tus amigos o gente genial que acabas de conocer! Evidentemente no siempre tienes que estar feliz, en realidad lo que importa es que logres transmitir tus emociones tal cual son, auténticas. Así que sólo sé quien eres y diviértete.

SACA LO MEJOR DE TI

Tal como los actores en el teatro tienen que prepararse para salir a escena, cuando prendas tu cámara empezará tu propio "espectáculo". Claro que tú no estarás en un auditorio lleno con 1500 personas atentas a tu voz, pero cada persona que mire tus videos será una espectadora anhelante buscando encontrar algo especial en tus palabras... ¡no queremos que este maravilloso descubrimiento se vea bloqueado porque hablas demasiado rápido, o porque tu voz no se escucha!

En tus primeros videos puedes grabar con tus amigos para sentirte más en confianza. Junto con ellos (o sin ellos) sigue los seis consejos para sacar lo mejor de ti frente a la cámara.

1. Estírate y haz caras locas.
2. Abre la boca lo más que puedas y pronuncia todas las vocales exageradamente, de atrás para adelante, al menos cinco veces.
3. Repite estos trabalenguas: "Yo poco coco compro porque poco coco como, si más coco comiera, más coco compraría" y "si así hacia Asia, Asia hacía así, si hacia Asia, así, sí".

4. Coloca un lápiz en tu boca de forma horizontal, de modo que no puedas cerrarla. Manteniéndolo así, intenta leer un párrafo de cualquier texto e intenta que se entienda cada palabra que pronuncies.

5. ¡Aprende a respirar profundamente! ¿Conoces tu diafragma? Es un músculo que está justo por debajo de tus pulmones, al centro de tu cuerpo. Cuando inhales, intenta que el aire llegue al fondo de tus pulmones, esto empujará tu diafragma hacia afuera provocando que tu estómago se infle. Al exhalar, vacía tus pulmones; verás que tu estómago se va hacia adentro. ¡Si aprendes a controlar tu respiración será menos difícil que te quedes sin aire a la mitad de las oraciones más emocionantes!

6. Estás casi listo. Sacúdete desde las caderas hasta los dedos de tus manos y pies. Da saltos pequeños y emite ruiditos que te ayuden a relajarte. ¡Llegó el momento de grabar!

¡UN SALTO MÁS Y YA ESTOY LISTA PARA GRABAR!

Tip: Acepta que con la práctica irás mejorando y que los errores pueden ser divertidos. Si hay alguna frase que no puedes pronunciar bien o de corrido después de varios intentos, cámbiala y di lo que quieres con otras palabras. Recuerda que lo mejor de estar grabando es que luego puedes editar el material y elegir lo que más te guste. ¡Que ningún error acabe con tus ganas de crear!

6 EDITA TUS VIDEOS

Terminaste de grabar y ahora tienes en tus manos una gran cantidad de material audiovisual con cortes, tomas repetidas, errores, muletillas, etc. No vas a subir todo ese material en bruto directamente a internet, antes debes recordar tu estructura que hiciste antes de encender las cámaras y lograr darle a todos esos minutos de video el sentido que tenías en mente cuando hiciste tu plan.

Tip: Regresa al capítulo 4 para refrescarte la memoria. Tu guión será tu mejor amigo en el proceso de edición porque funciona como una guía que indica el orden.

¿Qué puedes hacer con tu material?

Primero elige un programa de edición de video. Puedes usar, por ejemplo, Windows Movie Maker en PC o iMovie en Mac o incluso el editor de videos de YouTube. Sin importar cuál elijas, la estructura básica de estos programas es más o menos la misma.

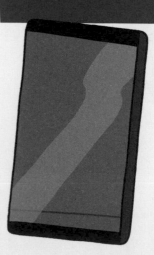

Panel de vista previa (preview)

Esta sección te muestra una vista de cómo está quedando tu video, antes de guardar la versión final. Esto te permite modificar y ver el resultado de tu edición hasta que quede perfecto.

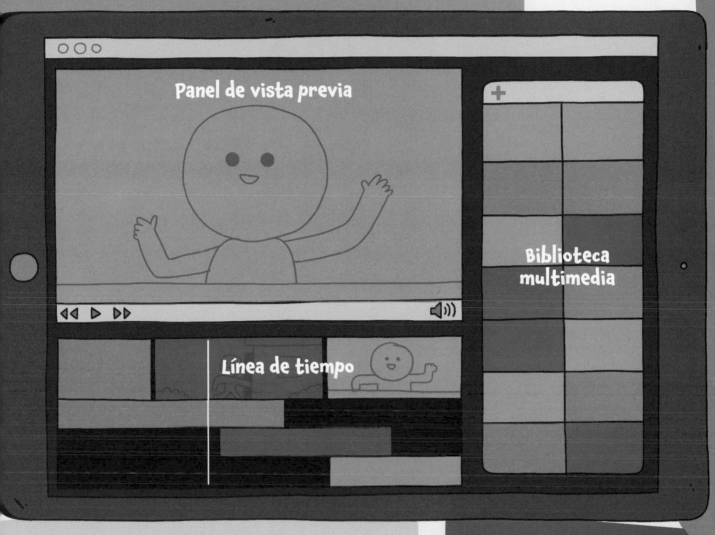

Panel de vista previa

Biblioteca multimedia

Línea de tiempo

Línea del tiempo (timeline)

Aquí puedes arrojar videos desde la biblioteca y ordenarlos como prefieras. También podrás cortar, insertar transiciones, o modificar la velocidad de tu clip.

Biblioteca multimedia (media library)

Aquí aparecerá todo tu material en bruto para que selecciones los clips que quieras incluir en tu video. También puedes incluir imágenes, otros videos e incluso clips de audio.

CONCEPTOS ESENCIALES DE EDICIÓN

HACER UN VIDEO ES COMO COCINAR: HAY QUE TENER BUENOS MATERIALES, CORTAR MUCHO, AJUSTAR LA TEMPERATURA Y HACERLO TODO CON EL INGREDIENTE SECRETO: ¡UNA PIZCA DE AMOR!

Cortar

Esta es quizás la técnica más básica y antigua de la edición de video. Sirve para eliminar errores, quitar partes que finalmente nos parecen aburridas y prescindir de momentos que no forman parte de nuestro guión. También es la mejor forma de que tu video se mantenga corto e interesante.

Edición A/B roll (B-roll)

Es la técnica de sobreponer fotografías o videos a tu video principal mientras tu voz se sigue escuchando en el fondo. Es un buen método para usar en videos donde la imagen permanece igual durante mucho tiempo, como entrevistas o videos donde estés mucho tiempo en la misma posición frente a la cámara.

Temperatura del color

Cuando estés por capturar tu imagen, debes saber que puedes manipular la cámara para hacer el color más cálido o más frío. También puedes modificar la temperatura en tu programa de edición. Lo que esto significa es que la imagen tenderá más hacia los tonos azules si es fría y a los rojos o anaranjados si es cálida. Te preguntarás: ¿cómo afecta esto a mi video? El color afecta la percepción de la imagen, ¡creando sensaciones y ambientes diferentes!

Tip: Existen muchas formas de hacer cortes, en la siguiente página encontrarás ideas geniales para trabajar tus cortes con **transiciones**.

TÍTULOS

Hay diferentes momentos en los que usar textos dentro de tu video puede ser muy útil. Los programas para editar videos normalmente contienen la función de añadir texto bajo el nombre "títulos" o *titles*. Y precisamente ése es uno de los momentos clave en los que utilizarás la palabra escrita: como un refuerzo visual al comienzo de tu video para hacer explícito el título, el tema principal o tu nombre.

Busca esta función en tu editor de videos predilecto y comienza a experimentar.

Añadir texto a tus videos también puede ser una forma divertida de incluir alguna acotación (es decir, un comentario extra) a lo que dijiste de forma oral. El texto también puede ser muy útil para los videos que tienen instrucciones o información muy precisa que quieras enfatizar. Por ejemplo, para un video que muestra una receta de cocina, es buena idea incluir la lista de ingredientes de forma escrita para que tu audiencia tenga tiempo de anotar la información o sea menos probable que la olvide.

EFECTOS Y TRANSICIONES

Las transiciones son los efectos que se usan para ligar dos diferentes tomas. Inspírate con tus películas y videos favoritos y deja fluir tu creatividad. En esta sección veremos algunas ideas interesantes con las que puedes comenzar a probar.

Aumenta o disminuye la velocidad

A veces, en lugar de cortar contenido, es una buena idea acelerar la velocidad. Por el contrario, disminuir la velocidad, puede ser una manera divertida de crear efectos dramáticos o atraer la atención a alguna parte de tu video.

Fundido (Fade in/out):

Este efecto de transición funciona disolviendo la imagen de la escena a cortar con la de la escena que inicia. Mientras una se va haciendo tenue, la otra que inicia se destapa en el fondo.

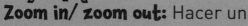

Zoom in/ zoom out: Hacer un acercamiento o alejamiento gradual a algún objeto o a una persona es una manera de señalarle a la audiencia en qué quieres que centre su atención. Por ejemplo, si quieres hacer énfasis en los expresivos ojos de tu amigo, empieza con un acercamiento y después haz un *zoom out* (alejamiento) hasta que todo su rostro se vea en el encuadre.

Corte J: Este corte consiste en hacer que el sonido de la siguiente escena se empalme con la imagen de la escena anterior por unos segundos, antes de cambiar a la imagen de la siguiente escena.

Corte L: A la inversa del Corte J, en este corte la imagen de la siguiente escena se observa en el video aún con el sonido de la escena precedente.

Salto: Como su nombre lo indica, consiste en saltar de un momento a otro. A veces es imperceptible pero aun cuando notas que está ahí, es útil para eliminar los momentos en los que te quedaste sin palabras. ¡Todo error tiene solución con la edición de videos! Incluso puedes usar esta técnica con efectos cómicos, haz la prueba.

YO SOY EL FAMOSO INVENTOR DEL EFECTO CAFEÍNA, TAMBIÉN CONOCIDO COMO "CÁMARA TEMBLEQUE".

En términos de efectos, ¡no hay reglas! Inventa tus propias tomas; si haces algo genial, podrías estar imponiendo una nueva moda.

Cross cutting: Esta técnica sirve para mostrar dos acciones diferentes, pero relacionadas entre sí. Por ejemplo: dos amigas quedaron de verse después de mucho tiempo y están ansiosas por el encuentro. En cámara, hay dos escenas que se grabaron de ambas preparándose y dirigiéndose, cada una por su cuenta, a su esperado encuentro. En lugar de mostrar una secuencia y después la otra, el *cross cutting* las mezcla para crear la ilusión de que están pasando en simultáneo.

MÚSICA Y EFECTOS DE SONIDO

Agregar música a tus videos es una idea genial para complementar el sonido de tus creaciones. La música puede jugar un papel fundamental para crear ambientes y transmitir emociones. Elige los sonidos que más te gusten a ti y que sientas que ambientan la escena. Pero recuerda que tu voz debe ser la protagonista, así que asegúrate de que el volumen de la música no sea muy alto.

A veces se usan efectos de sonido para provocar risas, aumentar la emoción o crear un ambiente especial en un momento específico. Usa los efectos de sonido para acompañar la acción en tu video. A veces los programas de edición tienen sus propias bibliotecas de audio pero siempre puedes grabar tú mismo ruidos de golpes, bocinas, estornudos, aplausos, etcétera, para hacer tu propia biblioteca de efectos.

Observa bien esta pequeña escena, luego coloréala imaginando qué tipo de música y efectos pondrías sobre ella.

Debes saber que prácticamente toda la música que escuchas está sujeta a **derechos de autor** (tema que exploraremos en la siguiente sección), por lo que quizá no puedas usar libremente las canciones de tu artista favorito en tus videos y subirlos a internet. Te preguntarás, ¿entonces qué hago? ¡Hay varias soluciones!

YouTube ofrece un catálogo gratuito de música que puedes descargar en **www.youtube.com/audiolibrary/music**. También existen muchas páginas en internet que tienen música con licencia de distribución pública como **www.incompetech.com** o **www.bensound.com**. También hay páginas para descargar música pero requieren una suscripción que tiene un costo. Por supuesto, también existen plataformas para descargar efectos de sonido como **www.freesound.org** o **www.soundbible.com** donde puedes descargarlos de manera gratuita.

Lo mejor es que hagas tu propia investigación, siempre con la asesoría de un adulto responsable. ¡Incluso puedes invitar a tus amigos músicos a participar en tus videos!

DERECHOS DE AUTOR

Cuando alguien crea algo como una canción, una obra de teatro, un video, un cuento, un cómic o algún invento, esa persona tiene el derecho a registrar su creación ante el Instituto Nacional del Derecho de Autor (INDAUTOR) en México, o cualquier instituto que se encargue de esto alrededor del mundo. Este registro le da derechos sobre su obra para publicarla, venderla o compartirla, y evita que otras personas se apropien de ella.

Recuerda: Que no sólo porque puedas acceder a algún contenido en tu navegador significa que éste sea de acceso libre o que no pertenece a nadie. Siempre pide permiso a través de su correo electrónico o sitio web.

¡Esto significa que tú puedes registrar tus creaciones! Pero también, que debes respetar las creaciones de otras personas. Como decíamos, la música que uses en tus videos debe ser de libre acceso. Lo mismo ocurre con las fotografías, videos, texto y todo lo que se te ocurra que haya involucrado la creación de alguien más. Siempre existe la posibilidad de usar el material de otras personas pidiendo su permiso. Si te dicen que sí, asegúrate de darles el crédito escribiendo claramente que ese material les pertenece. ¡Sé un buen compañero con los demás creadores!

Al igual que con la música, siempre puedes pedir a tus amigos creadores su colaboración para hacer tus videos más geniales; si a alguno le gusta sacar fotografías, podrías ofrecerle usarlas en tus videos, siempre con su crédito, y aprovechar para impulsarlo como fotógrafo, al igual que con tus amigos o amigas escritoras, y toda la gente creativa que te rodea. El intercambio puede ser una manera genial de conocer más gente y darte a conocer en otros lugares. ¡Puede que alguna vez alguien te pida tu creatividad a ti!

Tip: Si usaste material que pertenecía a alguien más sin darte cuenta, y te piden que lo borres, hazlo. Edita tu contenido o bórralo. Nunca le hagas a un *videoblogger* lo que no te gustaría que te hicieran a ti.

65

SUBE TODO A TU CANAL

Quizá el sitio más popular para subir tus videos a internet es YouTube. A continuación, veremos el procedimiento para subir videos a esta plataforma:

1. Para crear un canal aquí, sólo necesitas tener una cuenta de correo de Google y entrar al Estudio de YouTube en: https:// studio.youtube.com desde tu navegador (también puedes bajar la aplicación para teléfono o tableta). Una vez que entres, verás un gran botón que dice *upload* o "subir video" que te dirigirá a una página donde podrás arrastrar tu archivo o buscarlo desde el navegador.

2. Espera a que se cargue. Después llena la información que se pide. Aquí tendrás que escribir el título y la descripción. También tienes la opción de agregar etiquetas, es decir, palabras clave para que la gente te encuentre de forma más fácil en el buscador.

Por ejemplo, si tu video es sobre tu iguana Margarita y tú bailando en Acapulco, las etiquetas serían algo así como **Iguana, Baile, Acapulco, México, Verano, Comedia...** ¡Piensa en las palabras que escribirías en el buscador si estuvieras buscando tu video!

¡OH NO! AHORA NO PODEMOS SALIR DE INTERNET

3. Por último, define si el video será público. Antes de subirlo recuerda siempre tener la aprobación de tus papás o tutores. Y ya estás listo, tienes un video en línea. Aunque estas instrucciones están más pensadas para YouTube, en general todas las plataformas funcionan con sistemas parecidos.

TRANSMISIONES EN VIVO

Existen otros canales para compartir tu material y hacer comunidad. Si lo que te interesa es hacer *streaming* o transmisiones en vivo, puedes crear un canal en este tipo de plataformas. Como estos videos se crean en la modalidad en vivo y en directo, no hay espacio para la edición... pero sí para planear. Esta modalidad es más espontánea, lo que significa que no planearás un guión muy detallado pero sí un tema o actividad para que te asegures de aprovechar tu transmisión al máximo.

Tip: Estos sitios generalmente te dan la posibilidad de tener chats en vivo con tu audiencia. ¡Qué genial manera de interactuar con tus seguidores en tiempo real!

Twitch **(https://www. twitch.tv/)** es una plataforma muy popular para que los *gamers* suban su contenido, así que probablemente te interese si éste es uno de tus temas favoritos. Aquí puedes hacer transmisiones en vivo de tus juegos pero también de cualquier cosa que te interese como dibujar, hacer deporte, la ciencia y tecnología, tus hobbies y más. ¡Asegúrate de visitar esta plataforma para ver cómo otros videoblogers hacen *streamings*!

YouTube, Instagram, Facebook Live y Periscope son otras opciones de plataformas para transmitir en vivo. Si decidiste que éste es el formato que quieres probar para hacer tus videoblogs, sólo elige tu plataforma favorita y en la que te sientas mejor. Comparte lo que amas y poco a poco irás creando tu comunidad.

9 CREA TU PROPIO SELLO

La mayor parte de las plataformas para crear canales te permiten personalizar ciertos espacios. Es una buena idea aprovecharlos porque son oportunidades para expresar tu personalidad y la forma en la que imaginas tu canal.

Regresa al capítulo 3 y recuerda todo lo que definiste sobre tu canal y tu personalidad de *videoblogger*. La imagen que elijas será una expresión resumida de todo esto. Después completa las siguientes actividades para diseñar la imagen de tus videoblogs.

Dibuja tu logo

El nombre de tu canal:

Tu nombre de *videoblogger*:

Haz tu logo

El logotipo es la forma gráfica de escribir el nombre de tu canal: el tipo y el color de las letras. También puedes incluir algún dibujo que te represente, pero eso sería más bien un imagotipo.

Tip: Si tu nombre es muy largo, puedes usar las iniciales para crear un diseño con el que puedas jugar más fácilmente.

La imagen de cabecera

¡Elige una fotografía que represente tu canal para personalizarlo! Si conoces algún editor de imágenes, puedes usarlo para agregar filtros de colores, dibujos, recortes, tu logotipo y todo lo que se te ocurra. Si no conoces ninguno, aquí hay algunas opciones gratuitas para descargar en tu computadora:

Inkscape: **inkscape.org**
Gimp: **www.gimp.org**

Cómo Crear ✓
9,204,510 suscriptores

PÁGINA PRINCIPAL   VIDEOS   LISTAS DE REPRODUCCIÓN   COMUNIDAD   CANALES

Cómo Crear ✓   Cómo Crear ✓   Cómo Crear ✓   Cómo Crear ✓

CUIDADO: antes de descargar un programa, pide permiso y asistencia a tus papás o tutores.

HAZ UN THUMBNAIL ATRACTIVO

Llegaste a uno de los momentos más divertidos. Un *thumbnail* o miniatura sirve para previsualizar tu video con una imagen muy pequeñita que te da una idea del contenido que verás antes de darle clic. Cuando subes tu video a una plataforma, lo que buscas es que mucha gente te encuentre para poder llevar tu creatividad, tu personalidad y tus mensajes a cualquier parte del mundo. ¡El *thumbnail* es una manera de conseguir que más gente vea tus videos!

1. Cuando tu video esté listo, busca un cuadro que te guste mucho y resuma tu video (es decir, recorre el video poniendo pausa y encuentra un momento especial). Piensa en tu título y busca una imagen que vaya de la mano con él. Por ejemplo, si tu video se llama: "El día que conocí a una jirafa" la miniatura puede mostrar el momento exacto de cuando la jirafa tocó tu mano y tú te emocionaste muchísimo. Recuerda los consejos sobre estructura en la página 36 y asegúrate de que tu climax esté presente en tu miniatura.

2. Asegúrate de no poner demasiada información, y usar poco texto. La idea es que con sólo ver la imagen un par de segundos a la gente le den ganas de ver el video completo.

3. Las medidas de esta imagen en YouTube son 1920 x 1080, que puedes definir en tus programas de edición de imagen.

2. ARDILLA KAWAII
   SE TOMA UNA SELFIE

4. En caso de que no encuentres la imagen perfecta, puedes tomar una fotografía que muestre el momento que deseas. Recuerda que también puedes hacer un *collage* con varios cuadros de tus videos, agregar texto, emojis, filtros, dibujos, etc. Puedes ser supercreativo y divertirte en los programas de edición que descubriste en la página anterior.

5. ¡Sorprende a tu audiencia! Pero recuerda que nunca debes engañar o confundir con contenido que en realidad no mostrarás. No seas sensacionalista.

¡Dibuja un *thumbnail* atractivo y que se relacione con el título en cada uno de los recuadros!

1. ¿QUÉ PASARÍA SI LA TIERRA FUERA PLANA?

¡Y LO OBLIGARÉ!

3. OBLÍGAME PRRO ¡EL MUSICAL!

 EN INTERNET... TODOS PUEDEN COMENTAR

Si vas a empezar un canal de videoblog, debes estar consciente de que estarás abriendo un espacio a mucha pero mucha gente. Esto es maravilloso por muchas razones, por ejemplo, porque podrías hacer amigos o conocer gente de países que nunca hubieras imaginado.

Pero es posible que en tu travesía por internet te encuentres con algunos problemas. ¡No temas! Aquí aprenderás cómo manejarlos de la mejor manera.

1. Pon tus propias reglas. Tú creaste tu espacio y por eso debes dirigir a tu comunidad. Escribir tus propias reglas en tu página principal o antes de la sección de comentarios es una gran idea para advertir a tu público lo que sí o no estás dispuesto a aceptar. Siempre habrá opciones para reportar a gente indeseable o bloquear sus cuentas de tu canal.

Crea tus propias reglas en el recuadro de abajo.

2. Los comentarios. Dos problemas podrían atacar tu sección de comentarios.

- El primero es el *spam*, mensajes irrelevantes o inapropiados que se mandan a un gran número de cuentas en internet. Muchas veces los comentarios están programados y es imposible contactar a la persona detrás de ellos. Intenta reportarlos o en todo caso eliminarlos.
- El segundo problema al que podrías enfrentarte son las discusiones. A veces las personas tendrán opiniones fuertes y no se pondrán de acuerdo. Aduéñate de tu espacio y sé firme con tu opinión. Puedes intervenir en las discusiones o evitar que se eleven a tonos irrespetuosos. Es tu canal.

3. Los *trolls*. Son personas en internet que buscan crear conflicto en los espacios en donde participan. A veces escribirán comentarios con ideas irrespetuosas o pondrán contenidos molestos. Recuerda que tú tienes el derecho de borrar este tipo de comentarios y poner a esa gente en una lista de personas bloqueadas o indeseables para evitar que comenten en el futuro. La mayor parte del tiempo sólo quieren llamar la atención, así que no los tomes en cuenta, ¡ignóralos!

¡HA LUGAR! ¡YA NO SE PELEEN, TERNURITAS!

4. Los *ciberbullies*.

A diferencia de los *trolls*, los *bullies* se enfocan en una persona en específico para molestarla. El *ciberbullying* es muy serio porque las personas en internet pueden escudarse en sus pantallas para acosar, humillar, amenazar o abusar a otras personas. Todo puede empezar con burlas sobre características físicas, formas de vestir y de hablar, luego continúan con insultos, robo de contraseñas o compartir información como fotografías o material que humille a una persona.

Recuerda que nadie puede hacerte daño si tú no se lo permites. Si alguna vez sientes incomodidad por algún comentario o te encuentras en cualquiera de estas situaciones sigue estos consejos:

- Habla con un adulto a quien le tengas confianza. Pueden ser tus papás, tutores o maestros, ellos sabrán qué hacer.
- Ignora a tu *bully*. Es inútil alimentar el deseo de estas personas de hacerte daño respondiendo a sus mensajes.
- Dile a la persona que esto debe parar. Esto requiere mucha valentía, así que rodéate de la gente que te quiere.

- Usa la tecnología para evitar el contacto con *bullies* indeseables. Bloquea su cuenta y repórtalos. Es una buena idea guardar la evidencia de las agresiones con capturas de pantalla o impresiones. Pero después de que hagas esto considera borrar los comentarios hirientes e irrespetuosos.
- Tienes que saber que nada de esto es tu culpa. Nadie debería ser tratado con crueldad.
- Si notas que alguien más está siendo víctima de *ciberbullying*, haz algo para ayudar. Puedes intentar defender a la persona o dar aviso a otros adultos para que hagan algo al respecto.

ALTO AL
Bullying

¡Refuerza tu autoestima! El mejor antídoto contra una persona dañina es el amor propio. En tu vida, dentro y fuera del internet, es muy probable que te encuentres con gente que te quiera hacer daño. Posiblemente a ellos también les hicieron daño y no son capaces de comportarse de otra manera. La actitud cruel de la gente está fuera de tu control, pero no tu reacción hacia este tipo de situaciones. ¡Así que ten autoconfianza y quiérete! Es más la gente que te aprecia que la que quiere dañarte.

¡Di no al *bullying*!

GUIDA A TU COMUNIDAD

Cuando la gente comience a dejar comentarios o interactuar contigo te darás cuenta de que se está formando una comunidad virtual. ¡En este caso el interés se basa en ti y lo que tú compartes! Por supuesto que esta comunidad puede tardar un poco en formarse, ten paciencia... nada bueno se logra de la noche a la mañana. Sin embargo, cuando esto pase, ¡es mejor estar listos! Sigue estas recomendaciones:

- **Abre la conversación.** A veces la gente hará comentarios como una sugerencia muy original o ideas para próximos videos. Lo importante es que tomes todo esto en cuenta y le hagas saber a tu audiencia que la estás escuchando. ¡Incluso pueden ser tu inspiración para seguir creando!
- **Crea rituales.** Es una muy buena idea crear saludos especiales, secciones especiales en tus videos o inventar términos que nadie más haya dicho antes. Fomentar un ambiente propio puede ayudar a tu comunidad a identificarse como parte de algo especial... ¡como tu canal!

- **Comparte lo que te inspiró a crear tu videoblog.** Ésta es una gran forma de conectarte con tu audiencia porque muchos de los que te ven pueden sentirse inspirados por ti o identificados con tu proyecto.
- **Recuerda siempre** que detrás de la pantalla hay personas. Agradece su apoyo y presencia, tal como lo harías con tus amistades en otros ambientes. Sin videos no hay audiencia y ¡sin audiencia no hay comunidad! Promueve el cuidarse mutuamente.
- **Sé constante.** Crea un calendario y anuncia a tus seguidores la forma en la que subirás contenido. Así ellos sabrán cuándo esperarte... y tú podrás esperar su presencia. Sé paciente, poco a poco irás encontrando tu comunidad.

Recuerda que como *videoblogger* y como creador tienes una responsabilidad social: ¡tu voz y tus ideas llegan a otras personas y puedes estar influyendo en su forma de ser y pensar!

# ¡SIGUE CREANDO!

A lo largo de este libro has explorado formas para expresarte a través de videos con tu propio estilo y ahora tienes tu propio canal, ¡lo lograste, muchas felicidades! Pero nunca olvides seguir aprendiendo tanto como puedas de todos los temas que te interesen: la música, los cómics, la historia, los juguetes, los animales, la fotografía, el mundo, los libros, la moda, los dinosaurios, las pulgas... o todo lo anterior. La curiosidad te llevará lejos, y entre más cosas descubras, más te darás cuenta de lo mucho que hay por aprender y lo mucho que puedes compartir con otras personas. ¡Has creado tu espacio, ahora aprovéchalo al máximo!